親指から一気に編める
ベルンド・ケストラーのミトン

No.9

編み方→P.62

Contents

驚くほどシンプルな構造が「いいねっ!」 6
基本のトライアングル　基本の風車

親指から編むミトンってどうなっているの？ 8
サイズ調整もらくらく！ 10

だるまてんぐ 14
2色使いでビビッドに

どんぐり帽子 16
ミトンの編み方を応用した帽子

ボッブル模様 18
暖かく伸縮性抜群

変わりゴム編み 20
表編みと裏編みだけでできる

カバーつき 22
ボタンでカバーが取りはずしできる

レース 24
手首の部分にレース模様

指先の穴つき 25
指先は人差し指だけ出せるミトン

フラワー模様 26
手首の部分に花模様

ゆったりめの風車 28
太めの毛糸で編む、男性用のゆったりサイズ

スパイキー 30
トゲトゲ模様で編むミトンとネックウォーマー

ストライプ模様 32
単色2色で編むミトンと帽子のセット

ファミリー・セット 34
カラーコーディネートが楽しい、家族3人用のミトンと帽子

鯉のぼり 37
目とヒレをつけて鯉のぼりに

パペット 38
ブタ、ゾウ、ライオンのミトン

ハードル模様 40
初心者にもおすすめの、ラインがきれいな模様

縄編み 41
親指から流れるような曲線になる縄編み

羊 42
羊模様の編み込み

「オメネ」模様 44
ドイツの曾祖母のショールをアレンジした模様

ウエディンググローブ 45
真っ白で繊細な糸でレース編み

掃除用ミトン 46
太いアクリルの糸でざくざく編む

基本のトライアングルと風車の編み方 48

一般的な作り目 54

ねじり増し目、KFBの増し目、かぶせはぎ 55

3つの目の止め方 56
3目のiコード止め、アイスランディック止め、イラスティック止め

棒針編みの編み目記号の編み方 84

素材の入手先について 88

驚くほどシンプルな構造が「いいねっ！」

　私が考えたデザインの中で、このミトンは最も面白いものだと思います。でも決して難しいものではありません。

　このミトンは、きわめてシンプルな構造で、一度覚えてしまえば編み図も必要ありません。そして、私が以前考案した「スパイラルソックス」よりも、使う毛糸の量が少ないので、短時間で一気に編めてしまいます。

　ある日、福岡行きの飛行機の中で、どうやったらもっと簡単にミトンを編むことができるか、自分の手をいろいろな方向からまじまじと眺めながら、考えにふけっていました。そして、ふと「親指から編んでみたら……」と思いついたのです。ドイツのレース編みの技法（クンストストリッケン）のように、同じパターンで目数を増やし続けて四角形を作る。そうすれば、ちょうど手を包み込むミトンの形になるのでは……。途中で糸を切る必要もないし、サイズ調整をするのも簡単。自分の手の大きさになるまで、ただ編み続ければ良いのです。複雑に目数を増減する必要はなく、親指サイズさえ合えば、後は不思議にも自然にフィットするのです。入れ口のサイズを気にする必要もありません。

　こうして、飛行機が福岡空港に着陸するまでに、私の頭の中ですっかりこのミトンの編み方が完成していました。

　初めて編み上がったとき、予想通りに、すべてが魔法のようにぴったりとはまり、ミトンになったことに驚きました。これこそ編み物のマジックです！　親指から編み始めることがユニークで画期的だと思ったので、「いいねっ！ミトン」と名付けました。

　通常のミトンの編み方とは異なる面白い構造なので、段染めの糸で編むだけで美しい模様になります。後で実感したことですが、指先の部分があいているので、タッチスクリーンにとても便利です。今はスマートフォンをはじめ、電車の券売機、飲み物の自販機など、どこへ行ってもタッチスクリーンです。このミトンなら、いちいち取りはずす必要もありません。

　このミトンはアイディア次第でいろいろな用途に使えます。例えば、アクリルの毛糸で編んで、掃除用のミトンに。真っ白な糸で繊細なレース編みにして、ウエディンググローブに。目や耳をつけて、子供が喜ぶパペットに。ちょっとアレンジすれば、かわいらしいどんぐり帽子にも！

　とても簡単で短時間で編めるので、本書を参考に是非、あなたもオリジナルのミトンを編んでみてください。

Triangle

基本のトライアングル
三角の両側で1段おきに増し目をする
編み方→ P.50

No.1

No.2

Windmill

基本の風車
三角の片側のみ、毎段増し目をする
編み方→ P.52

親指から編むミトンってどうなっているの？

私のミトンは、親指から一気に編めます。
仕組みは簡単。
親指から輪にぐるぐる編むだけ。
作り目を4本の棒針に均等に分けて、親指から輪に編み、
手のひらと甲は規則的に目を増やしながら、自分の手の幅まで編みます。
続けて指先の目を止め、それから小指側の脇の目を止めます。
さらに好きな長さまで手首側を輪に編んで目を止め、でき上がり。

同じものを2枚作ればよいので、ミトンの左右を対称にする必要もありません。
1枚めで作り方をマスターすれば、2枚めは簡単です。

目の増し方は2通りあり、7ページの写真のように、
その違いで「トライアングル」と「風車」の形になります。
4等分した編み目の両側で増し目をすると二等辺三角形になり、
「トライアングル」になります。
片側で増し目をすると、流れるような三角形になり、「風車」になります。

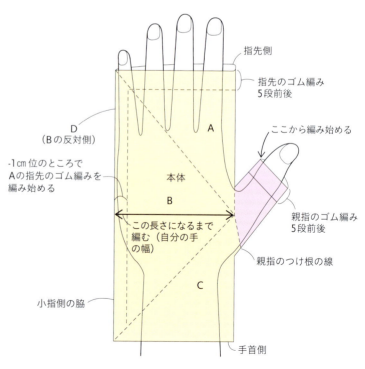

三角形の片側のみ毎段増し目をしているので、「風車」
の形になります。

親指の部分ができたら、三角形を4つ編みながら、四角形を作っていきます。
ドイツのレース編み（クンストストリッケン）のように、規則的に目を増やしていくだけ。
三角形の両側で1段おきに増し目をしているのが「トライアングル」です。

How to adjust your mitten size

サイズ調整もらくらく！

手の幅にちょうど良い大きさになるまで編むだけなので、
子供から大人まで、どんなサイズにも簡単に調整できます。
簡単で早く編めるので、家族や友達へのプレゼントにもぴったり。

大きくサイズを変更したい時は、親指の目数を変えましょう。
4の倍数で、8目、12目、16目、または20目に。
下の4つは、どれも同じ太さの毛糸と針を使って編んでいます。
(オリムパス メイクメイクソックス)

編み方→ P.58

No.3

8目 幼児サイズ

No.4

12目 子供サイズ

16目 女性サイズ

20目 男性サイズ、または、女性のゆったりサイズ

11

糸と針の太さを変えれば、より簡単にサイズ調整ができます。
編み目の数と段数は、両方とも全く同じです。

編み方→ P.58

No.7

毛糸と針 SCHOPPEL LIFE STYLE（50g／155m）3号

No.8

毛糸と針 パピー ミュルティコ（40g／80m）7号

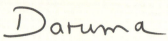

だるまてんぐ
2色使いにしたので、
親指の部分がだるまてんぐの鼻のようになりました。
1色1玉ずつで、左右色違いで作ります。
編み方→ P.62

No.9

No.10

Donguri Boshi

どんぐり帽子
メリヤス編みだけで編んだので、
ミトンの入れ口や帽子のかぶり口が
くるくるとカールします。
帽子のトップはミトンの親指の部分に当たり、
どんぐりのような形になります。
大人用と子供用。
編み方→ P.66-67

No.11

No.12

No.13

No.14

Trinity

ボッブル模様
淡い色で編むと模様がきれいに見えます。
同じ編み方で、太い糸を使えばメンズサイズに。
編み方→ P.63

No.15

No.16

Sand Stitch

変わりゴム編み
表編みと裏編みだけでできるので、初心者にもおすすめ。
編み方→ P.68-69

No.17　　　No.18

Mitten with Cap

カバーつき
ウィンタースポーツやウォーキングをする寒い時だけ、
指先をカバーして。
ボタンで取りはずしができます。
編み方→ P.72

No.19

No.20

Noro Lace

レース
「NORO」の段染めの毛糸で基本の風車模様を編んで、手首の部分だけレース模様に。
編み方→ P.65

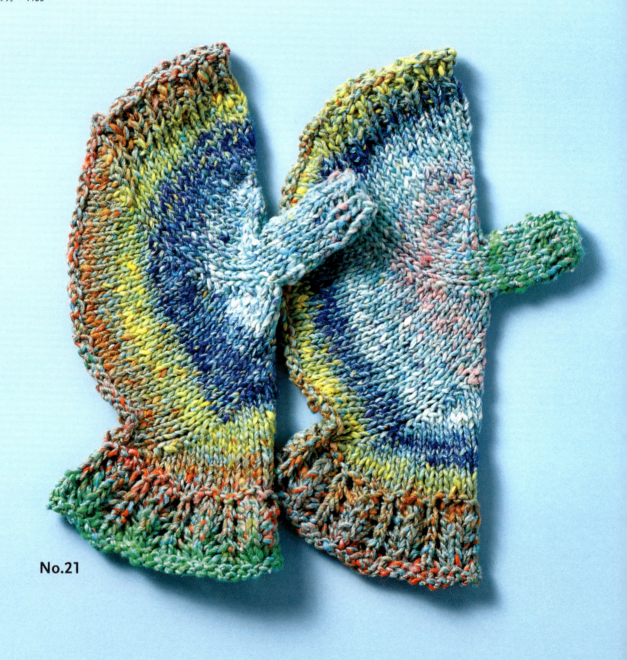

No.21

No.22

Finger hole

指先の穴つき
指先はカバーされているけれど、人差し指が出せるのでタッチスクリーンもOK。
編み方→ P.65

Flower

フラワー模様
お花畑を彷彿させるような段染めの毛糸でも、
赤と黒の2色使いでドラマチックにしても。
編み方→ P.73

No.23

No.24

No.25

Windmill

ゆったりめの風車
SCHOPPELの段染めの毛糸「Reggae Ombré」を使いきると、グラデーションの模様がきれいに出ました。
編み方→ P.67

スパイキー
まるでゴジラのようだけれど、暖かく伸縮性もあります。
No.28はパパゴジラ用。
編み方→ P.78

No.26

No.27

No.28

Bloom Stripes

ストライプ模様
私のオリジナルの毛糸シリーズ「Bloom」2色を使った、
ミトンと帽子のセット。
編み方→ No.29 P.64, No.30 P.75

No.29

No.30

Bloom Family Set

ファミリー・セット
3色1玉ずつ使って、家族3人のミトンを編みました。
帽子とセットにして、
カラフルコーディネートにして気分をアップ！
編み方→ ミトンはP.74，帽子はP.64

No.31

No.32

No.33

No.34

鯉のぼり

ミトンに目とヒレをつければ、鯉のぼりに。
これをはめて自転車に乗って、風をきってください。

編み方→ P.74

男性用ミトン No.31
子供用ミトン No.33
男性用帽子 No.35
子供用帽子 No.37
子供用鯉のぼりミトン No.34（右手用）No.38（左手用）

No.39

No.40

No.41

Puppets

パペット
アイディア次第で、ブタやゾウ、ライオンにも変身！
ブタは大人用のサイズです。
編み方→ P.76

Hurdle Stitch

ハードル模様
伸縮性抜群で、段染めでも単色でもきれいな模様になります。
初心者にもおすすめ。
編み方→ P.70

No.42

Cable

縄編み
風車模様で編むと、手の周りを
縄編み模様が流れるように出てきます。
編み方→ P.71

No.43

No.44

Sheep

羊
私の大好きな羊の編み込みをミトンと帽子にアレンジしました。
編み方→ P.60-61

No.45

No.46

Omine Lace

「オメネ」模様
私の曽祖母、「オメネ」がよく使っていたショールの模様です。
夏用の糸で涼しげに編んでもきれい。
編み方→ P.81

No.47

Wedding Gloves

ウエディンググローブ
指先をカバーしないので、そのまま花嫁にリングをはめて。
編み方→ P.82

No.48

No.49

No.50

Wash Mitten

掃除用ミトン

太いアクリルの糸ですぐに編めます。
ホンダ好きの私は、ホンダレッドと呼ばれる鮮やかな赤が大好きです。
編み方→ P.83

Basic 基本のトライアングルと風車の編み方

親指を編みます

1. 棒針2本を使って、「一般的な作り目」で16目作ります。（P.54参照）
   作り目の数は、作りたい大きさによって4の倍数にします。
2. 作り目を4目ずつ、4本の棒針に分けて輪にし、輪に編みます。
3. 1目ゴム編みを5段、続けてメリヤス編みで12段編みます。

本体を編みます

4. ○トライアングル：（P.50-51参照）
   1段おきに各針の両側の1目内側で、目と目の間の渡り糸をねじって
   「ねじり増し目」（P.55参照）をしながら、メリヤスで29段編みます。
   ○風車：（P.52-53参照）
   毎段編み始めの目で「KFBの増し目」（P.55参照）をしながら、メリヤス編みで29段編みます。
   ＊その後、トライアングルも風車も同様に増しながら、指先側のAは1目ゴム編みで、
   それ以外のB、C、Dはメリヤス編みで5段編みます。
5. トライアングルの場合は、各パーツがきれいな二等辺三角形になり、風車の場合は流れるような三角形になります。

「アイスランディック止め」をします

6. 指先側の38目を「アイスランディック止め」にします。（P.57参照）
7. 指先側の最後の目は、休めておき、BとDの目のかかった針2本を重ねて持ちます。
8,9. 「かぶせはぎ」をして、目を針1本におさめます。（P.55参照）
10,11. 休めておいた7の目に針を入れ、「アイスランディック止め」で小指側の脇をとじます。
12. 手首側の38目（C）を輪にして、1目ゴム編みで12段編み、「アイスランディック止め」で目を止めます。

同様にして、もう1枚編みます。

★止め方は、伸縮性があり、見た目も美しい3種類を紹介しています（P.56-57参照）。どの止め方にしても良いです。

○ あると便利な用具

短めの5本棒針：
編み始めの親指は、目数が少ないので短めの棒針があると便利です。
輪針40cm、60cm：
ある程度編み目が増えたら、輪針でも編みやすいでしょう。
目数リング：
輪針で編むときは棒針1本分の目数がわかるように通しておきます。
段数リング：
編み目に引っかけて、段数の目印にします。
縄編み針：
縄編みを編む時に目を休めておくのに便利です。
かぎ針：
縁編みを編む時に使います。
とじ針：
糸始末に使います。

● まずは、5本棒針と棒針キャップだけでOK

棒針が5本あれば編み始められます。せっかく編んだ編み目が棒針から抜けないように、針先に棒針キャップをつけておくと安心です。

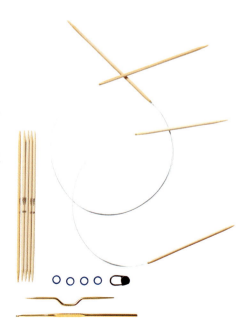

1「一般的な作り目」で16目作ります。

2 4本の棒針に分けて輪にし、5本めの棒針を使って輪に編みます。

3 親指が編めました。

4「ねじり増し目」または「KFBの増し目」をしながら、本体を編みます。

5 本体が編めました。トライアングルの場合、各パーツが二等辺三角形になります。

6 指先側の38目を「アイスランディック止め」にします。

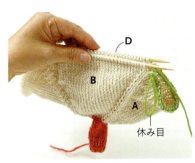

7 指先側の最後の目は、休めておき、B、Dの目がかかった針2本を重ねて持ちます。

8 手前の針の目の中から、向こう側の針の目を引き出して1目にします。（かぶせはぎ）

9 2本の針にかかっていた目を1本にしました。

10 休めておいた目に針を入れ、「アイスランディック止め」をします。

11 本体小指側の脇の目を止めました。

12 続けて手首側の模様（写真は1目ゴム編み）を輪に編み、編み終わりの目を「アイスランディック止め」にします。

※わかりやすいように糸の色を変えて編んでいます。実際は同じ糸で続けて編みます。

Triangle

基本のトライアングル No.1

糸 … オリムパス　メイクメイクソックス　赤&ブルー系段染め（905）35g
針 … 5号5本棒針
用具 … 棒針キャップ　とじ針
ゲージ … メリヤス編み　24目、34段が10cm角
でき上がり寸法 … 手のひら周り20cm　丈19.5cm

● 編み方
P.6〜9、P.48〜49、P54〜57を参照してください。

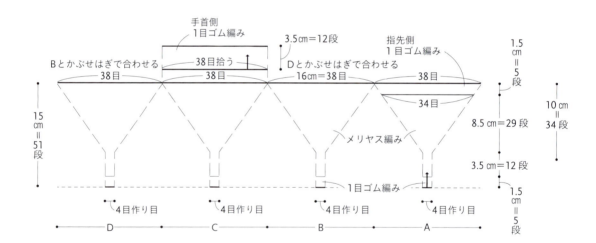

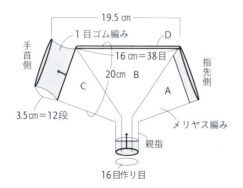

基本のトライアングルの編み方記号図と増し方

A

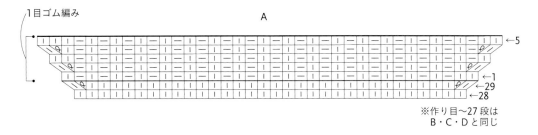

※作り目〜27段は
B・C・Dと同じ

B・C・D

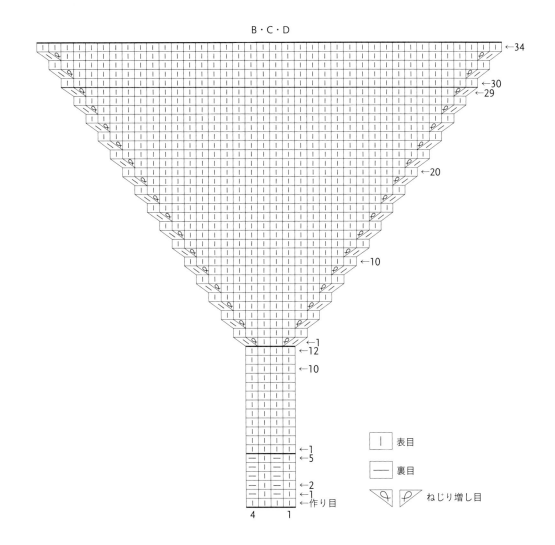

| | 表目
| — | 裏目
| ねじり増し目

Windmill

基本の風車 No.2

糸 … オリムパス　メイクメイクソックス　ブルー&グリーン系段染め(911) 35g
針 … 5号5本棒針
用具 … 棒針キャップ　とじ針
ゲージ … メリヤス編み　24目、34段が10cm角
でき上がり寸法 … 手のひら周り20cm　丈19.5cm

● 編み方

P.6〜9、P.48〜49、P.54〜57を参照してください。増し目の方法以外は、基本のトライアングルの編み方と同じです。基本の風車は、編み始めの片側で毎段、「KFBの増し目」で増し目をします。

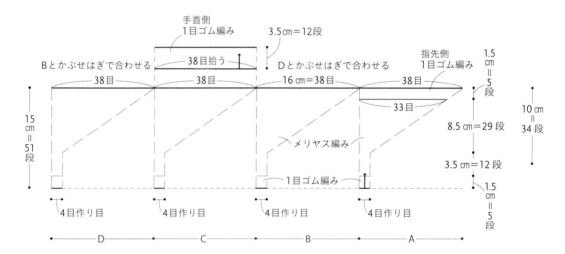

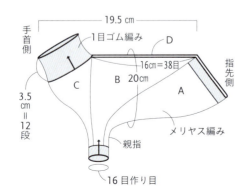

基本の風車の編み方記号図と増し方

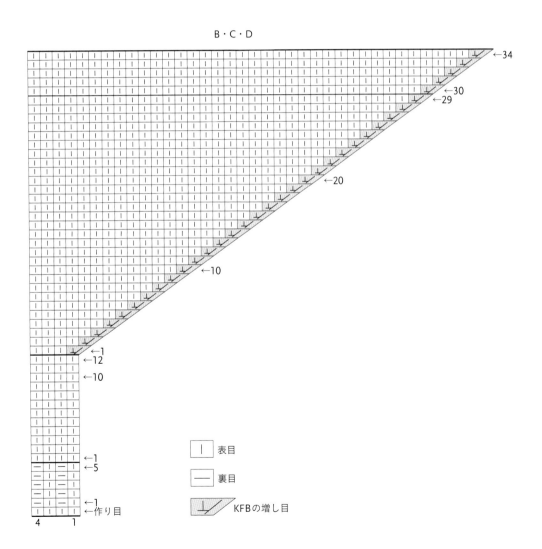

How to cast on and increase stitches.

「一般的な作り目」のほか、
目の増し方2種類、「ねじり増し目」と、ヨーロッパでよく使われる「KFB（Knit into front and back）の増し目」、
それから、小指側の脇で2本の針の目を1本の針に目をおさめるための「かぶせはぎ」をご紹介します。

一般的な作り目

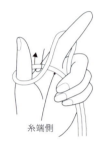

1
図のように糸を指にかけ、針を矢印のように入れる

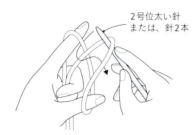

2
人指し指の糸をかけ、親指側にできている輪にくぐらせる

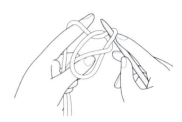

3
親指にかかっている糸をはずす

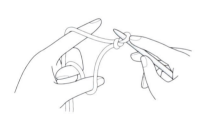

4
糸端側の糸を親指にかけて引く

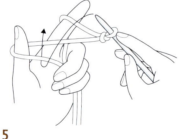

5
右の人指し指で目を押さえ、親指の糸をすくう

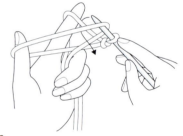

6
人指し指の糸をかけながら、輪にくぐらせる

7
親指の糸をはずす

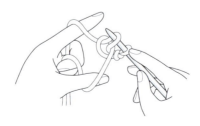

8
親指に糸をかけて引く。5～8を繰り返して必要目数を作る

9
でき上がり（10目作ったところ）

ねじり増し目（目と目の間の渡り糸をねじる方法）

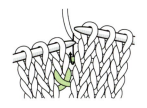
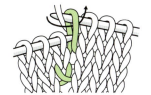
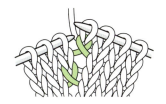

1 増し目する位置まで編み、前段の目と目の間の渡り糸を右針ですくう

2 右針に糸をかけて編む

3 渡り糸がねじれて、1目増えました

KFBの増し目 ※この記号は、この本独自のものです。

1 手前から針を入れて糸をかける

2 糸を引き出し、表目を1目編む。左針は抜かずにそのままにする

3 矢印のように右針を入れる

4 糸をかけて引き出して表目を1目編む

5 1目から2目編み出したところ

かぶせはぎ

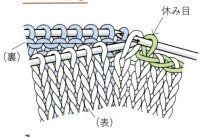
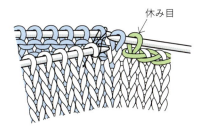

1 編み地を外表に重ね、図のように向こう側の目を、手前側の目の中から引き抜いて右針にとる

2 1の要領で、向こう側の目を手前側の目の中から引き抜く。これを繰り返す

How to bind off

3つの目の止め方

「iコード止め」はそれ自体が飾りになるので、あえて本体と違う色を使ってコントラストを出しても素敵です。
「アイスランディック止め」も私のお気に入り。伸縮性があり、ロープのような模様になります。
「イラスティック止め」もよく伸びるので、ミトンの入れ口に適しています。
どの止め方もきつく編むとあまり伸縮性がなくなり、ミトンのつけ心地もよくありません。ゆるめに止めるのがコツです。

3目のiコード止め

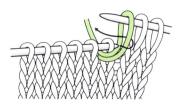

1
目と目の間に針を入れ、表目を編むように糸をかけて引き出して新しい目を作り、目をねじって左針に戻す

2
新しく作った目と左の目との間に右針を入れ、同様にしてもう1目作り、目をねじって左針に戻す

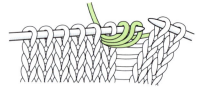

3
iコード分の新しい2目ができました。この2目をそれぞれ表目で編む

4
次の2目(iコードの3目めとその左の目)に、右針を差し入れる

5
糸をかけて表目を編む(ねじり目の右上2目一度を編んだことになり、1目止められた)

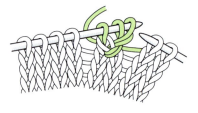

6
4、5の3目を編まずに左針に戻す

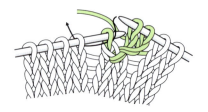

7
表目を2目編む(裏に糸が渡る)。iコードの3目めとその左の目に右針を入れ、表目を1目編み、1目減らす

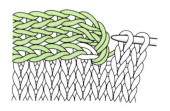

8
6、7を繰り返してiコード止めをする

アイスランディック止め

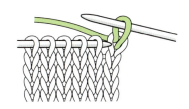
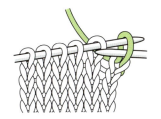

1
表目を1目編む

2
1で編んだ目を左針に戻し、1目めに右針を差し入れ、次の目に表目を編むように右針を入れる

3
1目めの中を通して引き出し、糸をかける

4
表目を編む。1目減った

5
2〜4を繰り返して必要目数を減らしながら目を止める

イラスティック止め

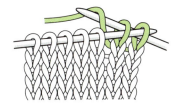

1
表目を2目編む

2
1で編んだ2目に左針を差し入れ、右針に糸をかける

3
2目の中を通って糸を引き出して1目減らし、次の目を表目で編む

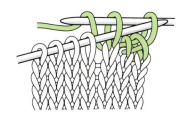
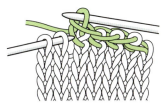

4
右針の2目に左針を差し入れ、右針に糸をかけて2目の中を通って引き出し、1目減らし、次の目を表目で編む

5
4を繰り返して目を止める

How to adjust your mitten size

目数・段数を変えて、サイズ変更 No.3, No.4, No5, No.6

親指の作り目の目数を変えることで、同じ糸、同じ針の号数で編んでもサイズを変えられます。
（ゲージを変えずに、サイズを変える方法です）
No.3はSSサイズ（幼児：作り目8目）、No.4はSサイズ（子供：作り目12目）、
No.5はMサイズ（女性：作り目16目）、No.6はLサイズ（男性：作り目20目）の目安です。

糸 … オリムパス　メイクメイクソックス
　　　No.3　赤＆ブルー系段染め（905）10g
　　　No.4　ブルー＆グリーン系段染め（911）15g
　　　No.5　ピンク＆グリーン系段染め（902）25g
　　　No.6　グリーン＆茶系段染め（907）40g
針 … 5号5本棒針
用具 … 棒針キャップ　とじ針
ゲージ … メリヤス編み　24目、34段が10cm角
でき上がり寸法 … No.3　手のひら周り9cm　丈10cm
　　　　　　　　　No.4　手のひら周り12cm　丈14.5cm
　　　　　　　　　No.5　手のひら周り16cm　丈17cm
　　　　　　　　　No.6　手のひら周り20cm　丈21cm

◎編み方
基本のトライアングルの編み方（P.6〜9、P.48〜57参照）と同じ要領で、製図、記号図を参考
に目数、段数を変えて編みます。（図はP.59）

糸の太さと編み針の号数を変えて、サイズ変更 No.7, No.8

（ゲージを変えて、サイズを変更する方法です）
同じ目数、同じ段数で編んでも、糸の太さを変え、
編み針の号数を変える（ゲージを変えることになります）ことでサイズを変えられます。

糸 … No.7 SCHOPPEL　LIFE STYLE　ピンク系段染め（2294）50g
　　　No.8 パピー　ミュルティコ　ブルー系段染め（574）70g
針 … No.7 3号5本棒針　No.8 7号5本棒針
用具 … 棒針キャップ　とじ針
ゲージ … メリヤス編み　No.7 26目、37段が10cm角　No.8 22目、31段が10cm角
でき上がり寸法 … No.7　手のひら周り16cm　丈16cm
　　　　　　　　　No.8　手のひら周り19cm　丈19.5cm

◎編み方
基本のトライアングルの編み
方（P.6〜9、P.48〜57参照）と
同じ要領で編みます。No.7、
No.8のミトンは、「イラスティ
ック止め」で止めています。

No.7, No.8-36目拾う
1目ゴム編み
No.7-16cm　No.8-19.5cm
No.7-13cm＝34目
No.8-15.5cm＝34目
1目ゴム編み
D
手首側
No.7 16cm
No.8 19cm
B
指先側
No.7-8cm＝30段
No.8-9.5cm＝30段
C
A
1.5cm＝5段
メリヤス編み
No.7-3cm＝12段
No.8-4cm＝12段
1目ゴム編み
親指
No.7-2cm＝7段
No.8-2.5cm＝7段
No.7-1cm＝5段
No.8-2cm＝5段
No.7, No.8-16目作り目

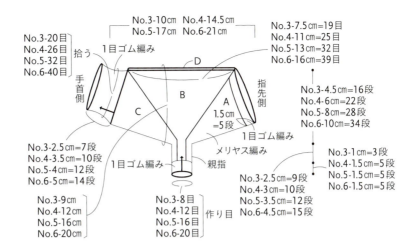

目数を変えた基本のトライアングルの編み方記号図 B・C・D

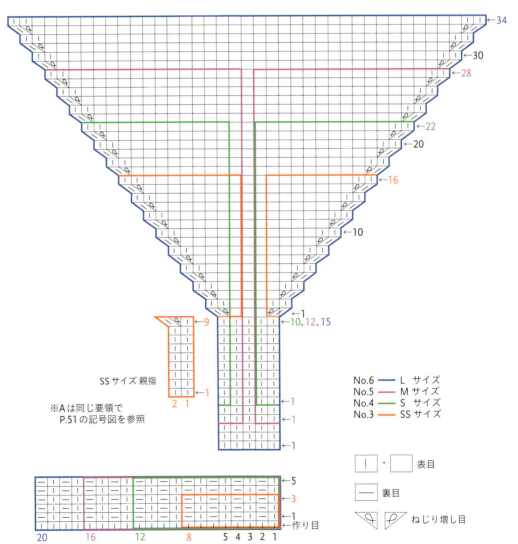

Sheep
羊 No.45, No.46

サイズを変えたい場合は、苔の部分の段数を増減してください。

糸 … No.45 帽子　DARUMA iroiro　ブルーハワイ(19)　20g　苔(24)　25g　オフホワイト(1)　15g
　　　　　　黒(47)　10g　カナリヤ(29)　5g
　　　　No.46 ミトン　ブルーハワイ(19)　15g　苔(24)　20g　オフホワイト(1)　10g　黒(47)　5g　カナリヤ(29)　少々
針 … 3号5本棒針
用具 … 棒針キャップ　とじ針
ゲージ … メリヤス編みの編み込み模様　28目、34段が10cm角
でき上がり寸法 … No.45 頭周り48.5cm　高さ26cm　No.46 手のひら周り19cm　丈17cm

● 編み方(P.6〜9、P.48〜57参照)

No.45 帽子
ブルーハワイで8目作り目をして輪にし、メリヤス編みで10段編みます。続けて、図のようにKFBの増し目をしながらメリヤス編みの編み込み模様で58段編みます。続けて苔で30段メリヤス編みを編み、アイスランディック止めをします。

No.46 ミトン
ブルーハワイで16目作り目をして輪にし、1目ゴム編みで5段編み、続けてメリヤス編みで10段編みます。図のように各パーツの編み始め1目表目が立つようにねじり増し目をしながら、メリヤス編みの編み込み模様で29段編みます。続けて苔で、指先側のAは1目ゴム編みで、それ以外はメリヤス編みで3段編み、指先側と小指側の脇を3目のiコード止めをします。iコード止めの3目に続けて手首側の35目(計38目)を拾い、iコード止めの3目は表目のまま、1目ゴム編みで15段編み、アイスランディック止めをします。もう1枚同様に編みます。

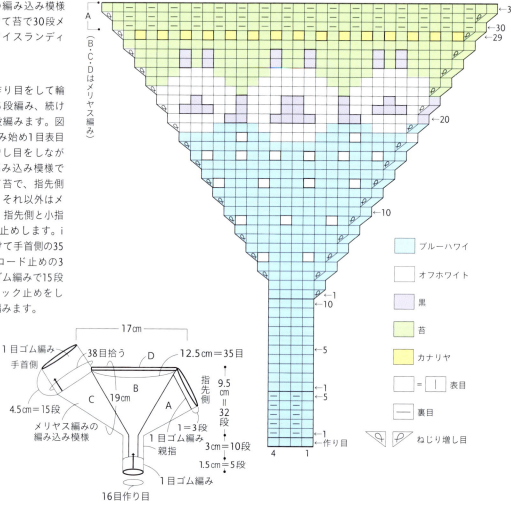

60

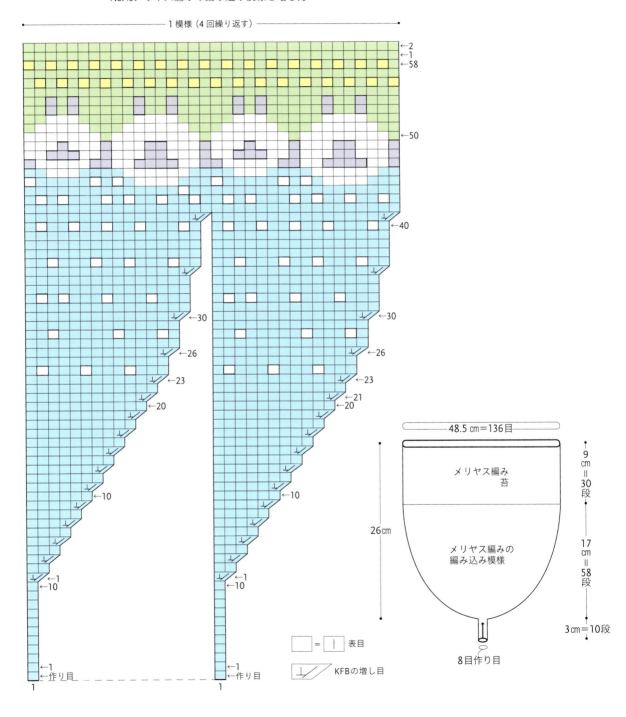

だるまてんぐ No.9, No.10

No.9はレディース用。No.10は、1模様分長く編んでメンズ用としました。

糸 … No.9 DARUMA　スーパーウォッシュメリノ　グレー(8) 30g　赤(6) 30g
　　　No.10 DARUMA　スーパーウォッシュメリノ　ブルー(4) 37g　黄緑(2) 37g
針 … 2号5本棒針
用具 … 棒針キャップ　とじ針
ゲージ … 模様編み(6目、6段1模様)　30目、45段が10cm角
でき上がり寸法 … No.9 手のひら周り18cm　丈23cm　No.10 手のひら周り21cm　丈25.5cm

● 編み方 (P.6〜9、P.48〜57参照)　[ ]内はNo.10の作品。指定以外は共通。
基本の風車の編み方と同じ要領で編みます。製図、記号図のように模様編みで編みます。a色で作り目をして輪にし、模様編み(5目、5段1模様)で親指を編み、続けて、模様編み(6目、6段1模様)で27段[33段]編みます。b色に変えて13段同じ要領で編みます。指先側、小指側の脇はiコード止めをします。手首側の45目[51目]と3目のiコード止めの3目を拾って輪にし、1目ゴム編みで30段[32段]編み、アイスランディック止めします。a色とb色を反対にして、同様にもう1枚編みます。

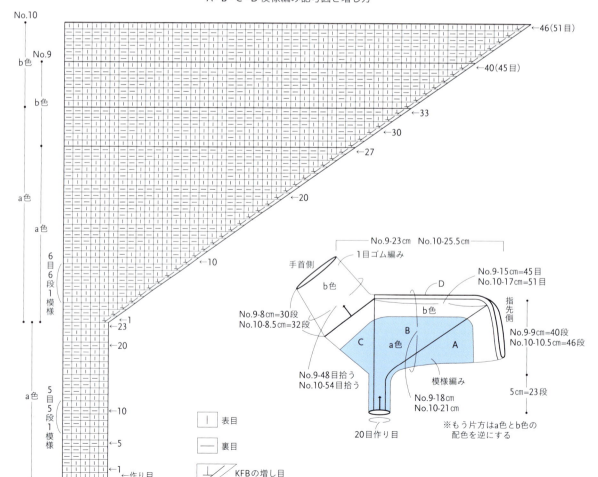

A・B・C・D模様編み記号図と増し方

ボッブル模様 No.15, No.16

この編み方は伸縮性があって暖かく、ミトンにぴったり。セーターやカーディガンに応用しても素敵です。

糸 … No.15 スキー　UKブレンドメランジ　グレー(8002) 35g
　　　No.16 DARUMA　シェットランドウール　カーキ(6) 40g　フェークファー　グレー(1) 15m
針 … No.15 7号5本棒針　No.16 5号5本棒針　8/0号かぎ針
用具 … 棒針キャップ　とじ針
ゲージ … 模様編み　No.15 23目、22段が10cm角　No.16 28目、26段が10cm角
でき上がり寸法 … No.15 手のひら周り20cm　丈26cm　No.16 手のひら周り18cm　丈24cm

● 編み方(P.6〜9、P.48〜57参照)指定以外は共通。
基本のトライアングルの編み方と同じ要領で編みます。製図、記号図のように模様編みで編みます。(編み終わりが伸びないように、最後の模様は3目の編み出し増し目を2目の編み出し増し目に変えて目数を減らします。)
続けて、指先側、小指側の脇をアイスランディック止めにします。手首側は1目ゴム編みを輪に編み、アイスランディック止めをします。No.16はフェークファーで最終段の裏目に細編みを編みます。同様にもう1枚編みます。

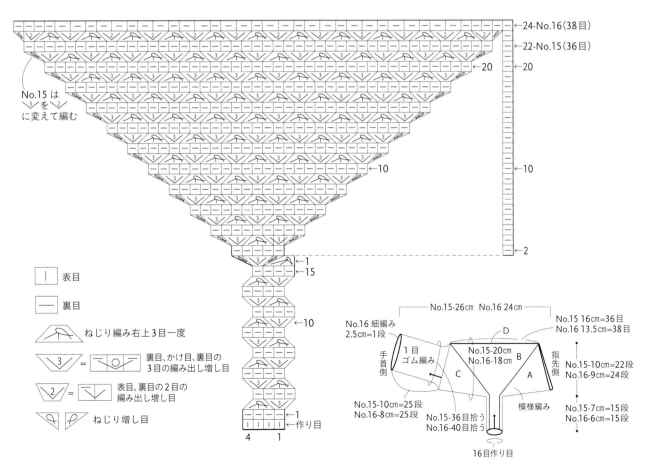

「Bloom」で編む帽子 No.29, No.35, No.36, No.37

私のオリジナルの毛糸シリーズ「Bloom」を使いました。
模様編みの編み方はP.62の「だるまてんぐ」とほぼ同じで、表編みと裏編みだけでできます。

糸 … ヤナギヤーン　Bloom　No.29 パープル(7)、グレー(14) 各35g
　　　　No.35 ブルー(11)、ターコイズ(10) 各30g　ライム(8) 5g
　　　　No.36 ブルー、ライム 各30g　ターコイズ 5g
　　　　No.37 ターコイズ、ライム 各25g　ブルー 5g
針 … 5号5本棒針
用具 … 棒針キャップ　とじ針
ゲージ … 模様編み　25目、37段が10cm角
でき上がり寸法 … No.29、No.35、No.36
　　　　　　　　　　　　頭周り48cm　高さ17cm
　　　　　　　　　　No.37 頭周り42cm　高さ15.5cm

○ **編み方**(P.6〜9、P.48〜57参照)　[　]内はNo.37の作品。指定以外は共通。
120[104]目作り目をして輪にし、2目ゴム編みで12[10]段編み、1段表目で編み、かぶり口の折り返しを作り、続けて2目ゴム編みを12[10]段編みます。図のように指定の色に変えて模様編みで減らし目をしながら編みます。編み終わりの目に糸を通して絞ります。指定の色でポンポンを作り、つけます。

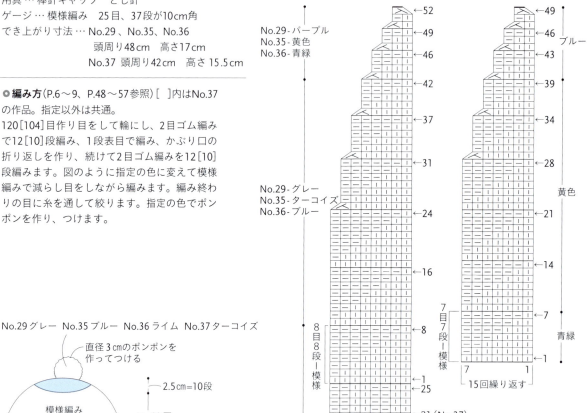

模様編み記号図と減らし方

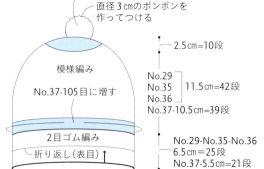

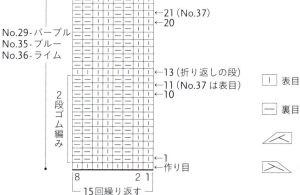

レース No.21

糸 … NORO みらい グリーン系の段染め(5) 40g
針 … 5号5本棒針
用具 … 棒針キャップ とじ針
ゲージ … メリヤス編み 22目、32段が10cm角
でき上がり寸法 … 手のひら周り18cm 丈18.5cm

● 編み方(P.6～9、P.48～57参照)

基本の風車の編み方と同じ要領で編みます。製図のように1目ゴム編みとメリヤス編みで編み、アイスランディック止めをします。手首はレース模様編みで編み、アイスランディック止めをします。同様にもう1枚編みます。

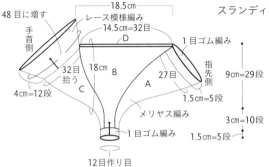

レース模様編み記号図

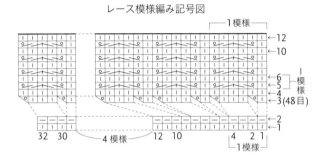

| 表目 | — 裏目 | ○ かけ目 | 中上3目一度 |

指先の穴つき No.22

糸 … NORO ハイキング グリーン&ピンク系の段染め(7) 50g
針 … 5号5本棒針
用具 … 棒針キャップ とじ針
ゲージ … メリヤス編み 21目、30段が10cm角
でき上がり寸法 … 手のひら周り20cm 丈22.5cm

● 編み方(P.6～9、P.48～57参照)

基本のトライアングルの編み方と同じ要領で編みます。製図のように1目ゴム編みとメリヤス編みで編みます。指先側は30段編んだら次の段は表目1段で指先の穴部分はアイスランディック止めをして(指先カバーの1段めになる)編み、休めておきます。アイスランディック止めで小指側の脇をとじ、手首は1目ゴム編みで編み、アイスランディック止めをします。指先側に糸をつけ、指先の穴部分はかけ目とねじり目で作り目をし、指先カバーを図のように減らし目をしながらメリヤス編みで輪に編みます。編み終わりの指先の14目を7目ずつ2本の針に分け、かぶせはぎで1本にし、7目をアイスランディック止めをします。指先の穴は左右対称になるようにあけ、もう1枚編みます。

指先カバーの編み方と指先穴のあけ方

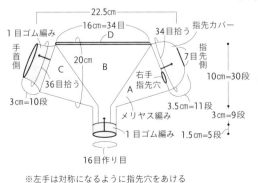

※指先穴は左右それぞれ1カ所あける

| 表目 左上2目一度 右上2目一度
 ねじり目 ○ かけ目 ねじり増し目 ● アイスランディック止め

65

Donguri Boshi

どんぐり帽子 No.11, No.13

かぶり口のメリヤス編みのカール部分の長さで、サイズの微調整ができます。

糸 … No.11 SCHOPPEL Edition3 グレー＆えんじ系段染め(2299) 50g
　　　No.13 SCHOPPEL Edition3 ブルー＆ベージュ系段染め(2329) 45g
針 … 3号5本棒針
用具 … 棒針キャップ　とじ針
ゲージ … メリヤス編み　28目、36段が10cm角
でき上がり寸法 … No.11 頭周り48.5cm　高さ23cm
　　　　　　　　　No.13 頭周り46cm　高さ19.5cm

● 編み方(P.6〜9、P.48〜57参照)　[　]内はNo.13の作品。指定以外は共通。
8目作り目をして輪にし、メリヤス編みで10段編みます。続けて図のようにKFBの増し目をしながらメリヤス編みで46[39]段編み、続けてメリヤス編みで増減なく36[31]段編み、アイスランディック止めをします。

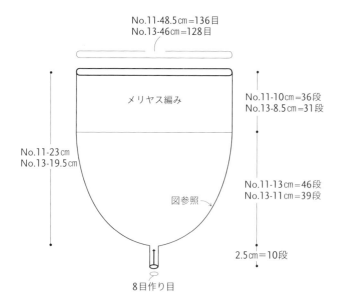

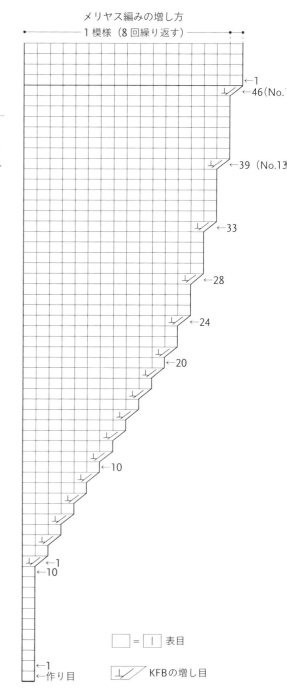

どんぐりミトン No.12, No.14

糸 … No.12 SCHOPPEL Edition3 グレー&えんじ系段染め(2299) 50g
　　　No.14 SCHOPPEL Edition3 ブルー&ベージュ系段染め(2329) 30g
針 … 3号5本棒針
用具 … 棒針キャップ　とじ針
ゲージ … メリヤス編み　28目、36段が10cm角
でき上がり寸法 … No.12 手のひら周り18cm　丈20cm
　　　　　　　　 No.14 手のひら周り14cm　丈15.5cm

● **編み方**(P.6〜9、P.48〜57参照)
基本の風車の編み方と同じ要領で編みます。製図のようにメリヤス編みで編み、アイスランディック止めをします。手首はメリヤス編みで編み、アイスランディック止めをします。同様にもう1枚編みます。

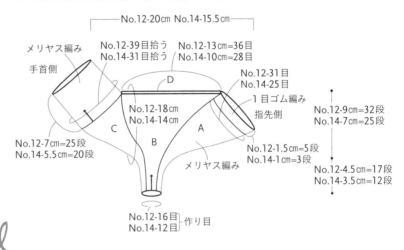

ゆったりめの風車 No.25

糸 … SCHOPPEL Reggae Ombré オレンジ&グリーン系の段染め(1505) 85g
針 … 7号5本棒針
用具 … 棒針キャップ　とじ針
ゲージ … メリヤス編み　21目、28段が10cm角
でき上がり寸法 … 手のひら周り22cm　丈27.5cm

● **編み方**(P.6〜9、P.48〜57参照)
基本の風車の編み方と同じ要領で編みます。製図のように1目ゴム編みとメリヤス編みで編み、3目のiコード止めをします。手首はiコード止めの3目に続いて35目拾い、1目ゴム編みで編み、イラスティック止めをします。同様にもう1枚編みます。

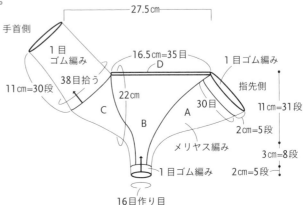

Sand Stitch

変わりゴム編み No.17

変わりゴム編みの表目の流れが、風車のデザインをより引き立てます。

糸 … SCHOPPEL Cashmere Queen グレー（9220）50g
針 … 5号5本棒針
用具 … 棒針キャップ　とじ針
ゲージ … 変わりゴム編み　21目、31段が10cm角
でき上がり寸法 … 手のひら周り20cm　丈20.5cm

◎ **編み方**（P.6〜9、P.48〜57参照）
基本の風車の編み方と同じ要領で編みます。製図、記号図のように変わりゴム編みで編み、アイスランディック止めをします。手首は1目増し、Cと模様が続くように編み、アイスランディック止めをします。同様にもう1枚編みます。

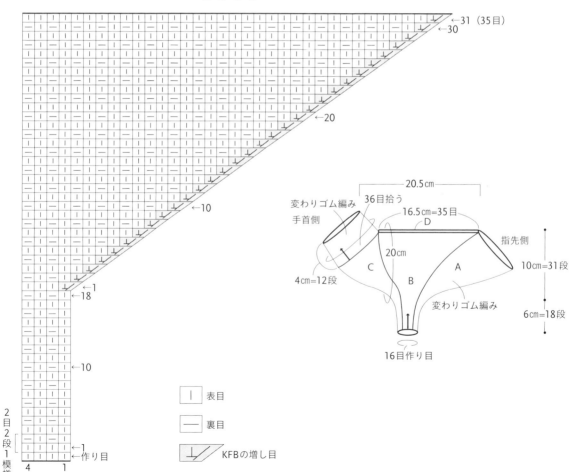

68

変わりゴム編み No.18

指先から、手首まで変わりゴム編みが続き、表目の流れがデザインを強調します。

糸 … SCHOPPEL Cashmere Queen オレンジ(0781) 40g
針 … 5号5本棒針
用具 … 棒針キャップ　とじ針
ゲージ… 変わりゴム編み　21目、31段が10cm角
でき上がり寸法 … 手のひら周り19cm　丈20cm

◉ 編み方(P.6〜9、P.48〜57参照)
基本のトライアングルの編み方と同じ要領で編みます。製図、記号図のように変わりゴム編みで編み、アイスランディック止めをします。手首は2目増し、Cと模様が続くように編み、アイスランディック止めをします。同様にもう1枚編みます。

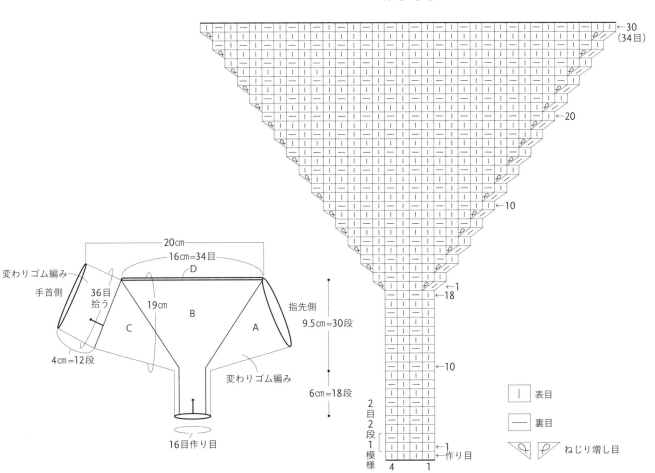

Hurdle Stitch

ハードル模様 No.42

模様の名前は、記号図の表目と裏目がハードルを並べたように見えるからです。

糸 … SCHOPPEL Edition3 ピンク系の段染め(2301) 40g
針 … 3号5本棒針
用具 … 棒針キャップ とじ針
ゲージ … ハードル模様編み 28目、40段が10cm角
でき上がり寸法 … 手のひら周り16cm 丈18cm

● **編み方**(P.6〜9、P.48〜57参照)
基本のトライアングルの編み方と同じ要領で編みます。製図、記号図のようにハードル模様編みで編み、アイスランディック止めをします。手首はCと模様が続くように1目ゴム編みで編み、アイスランディック止めをします。同様にもう1枚編みます。

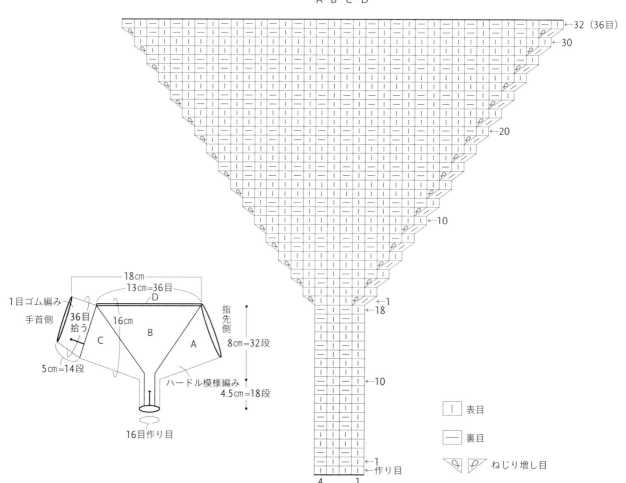

縄編み No.43, No.44

流れるような縄編み模様を手首側にもつなげて編んで、より流れを強調しました。

糸 … No.43 スキー　タスマニアンポロワース　ベージュ(7025) 60g
　　　No.44 スキー　タスマニアンポロワース　ビスケット(7006) 45g
針 … 3号5本棒針
用具 … 縄編み針　棒針キャップ　とじ針
ゲージ … 縄編み　6目=1.5cm　40段=10cm　かのこ編み　26目、40段が10cm角
でき上がり寸法 … No.43　手のひら周り20cm　丈21.5cm　No.44　手のひら周り17cm　丈17.5cm

● 編み方(P.6〜9、P.48〜57参照)
基本の風車の編み方と同じ要領で編みます。製図、記号図のように縄編みとかのこ編みで編み、3目のiコード止めをします。手首はCと縄の模様が続くように縄編みと1目ゴム編みで編み、アイスランディック止めをします。同様にもう1枚編みます。

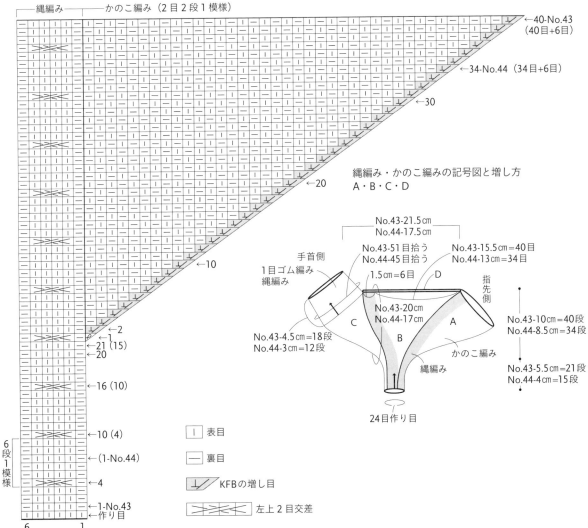

Mitten with Cap

カバーつき No.19, No.20

ボーダー模様のカバーは、ボタンで着脱可能。

糸 … No.19 DARUMA シェットランドウール ピンク(4) 50g グリーン(7) 20g
　　 No.20 スキー タスマニアンポロワース ブラウン(7022) 50g 青磁(7009) 30g
付属品 … 直径1.8cmのボタン4個
針 … No.19 5号5本棒針　No.20 3号5本棒針
用具 … 棒針キャップ　とじ針
ゲージ … メリヤス編み　No.19 22目、30段が10cm角　No.20 26目、36段が10cm角
でき上がり寸法 … No.19、No.20 手のひら周り 20cm　丈 25.5cm

○ 編み方(P.6〜9、P.48〜57参照)

基本のトライアングルの編み方と同じ要領で編みます。本体をNo.19はピンクで、No.20はブラウンで製図のように編み、アイスランディック止めをします。手首の1目ゴム編みは、No.19はグリーンで、No.20は青磁で編み、アイスランディック止めをします。ボタンをつけます。
指先のカバーは、メリヤス編みのボーダーで製図のように、ボタン穴をあけ、減らし目をしながら編み、編み終わりの指先の目(No.19は12目、No.20は10目)を2本の針に分け(No.19は6目ずつ、No.20は5目ずつ)、かぶせはぎで1本にし、アイスランディック止めをします。同様に本体とカバーをもう1枚ずつ編みます。

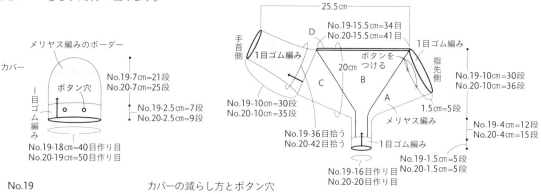

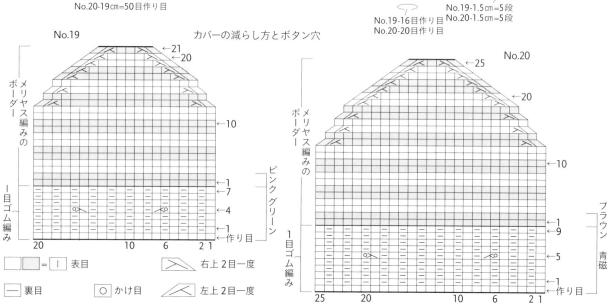

フラワー模様 No.23, No.24

ドライブ編みの編み目に糸を巻きつけて絞って作るフラワー模様。
単色2色使いはiコード止めと組み合わせるとより印象的になります。

糸 … No.23 SCHOPPEL Edition3 オレンジ＆ブルー系段染め(2296) 50g
　　 No.24 パピー プリンセスアニー 黒(520) 35g 赤(555) 15g
針 … 3号5本棒針
用具 … 棒針キャップ　とじ針
ゲージ … メリヤス編み　28目、34段が10cm角
でき上がり寸法 … 手のひら周り19cm　丈18cm

● **編み方**(P.6〜9、P.48〜57参照)
基本の風車の編み方と同じ要領で編みます。製図のように1目ゴム編みとメリヤス編みで編み(No.24は黒)、iコード止め(No.24は赤)をします。手首は増し目をしながら目を拾い(No.24は赤)、フラワー模様で編み、アイスランディック止めをします。同様にもう1枚編みます。

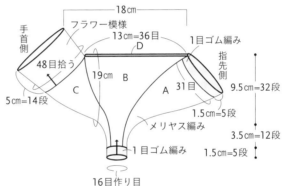

フラワー模様の記号図と目の拾い方

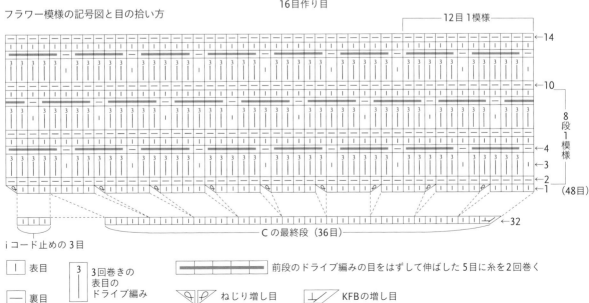

Bloom Family Set

ファミリーセット No.31, No.32, No.33　鯉のぼり No.34, No.38

糸 … ヤナギヤーン Bloom No.31 ターコイズ(10) 40g　ライム(8) 20g　ブルー(11) 5g
　　　　No.32 ブルー 35g　ターコイズ 15g　ライム 5g　No.33 ライム 30g　ブルー 10g　ターコイズ 5g
　　　　No.34 アイボリー(2) 20g　パープル(7) 5g　No.38 グリーン(9) 20g　オレンジ(4) 5g
付属品 … No.34、No.38 直径1.8cmのボタン1個　直径1.8cmの黒のシール1枚
針 … 5号5本棒針
用具 … 棒針キャップ　とじ針
ゲージ … 模様編み　25目、37段が10cm角
でき上がり寸法 … No.31 手のひら周り20cm　丈20cm　　No.32 手のひら周り17cm　丈17cm
　　　　　　　　　No.33 手のひら周り14cm　丈14cm　　No.34、No.38 手のひら周り14cm　丈16cm

● **編み方**(P.6〜9、P.48〜57参照)指定以外は共通。
基本の風車の編み方と同じ要領で編みます。製図、記号図のように模様編みで指定の配色で編みます。
指先側と、小指側の脇は3目のiコード止めをします。手首側は3目のiコード止めの3目も拾って輪にして、
2目ゴム編みで編み、アイスランディック止めをします。同様に、もう1枚編みます。No.34、No.38は、
No.33と同様に編みます。手首側はしっぽ模様編みで増し目をしながら編み、アイスランディック止め
をします。ひれを編み、縫いとめます。ボタンにシールを貼って目にして縫いつけます。

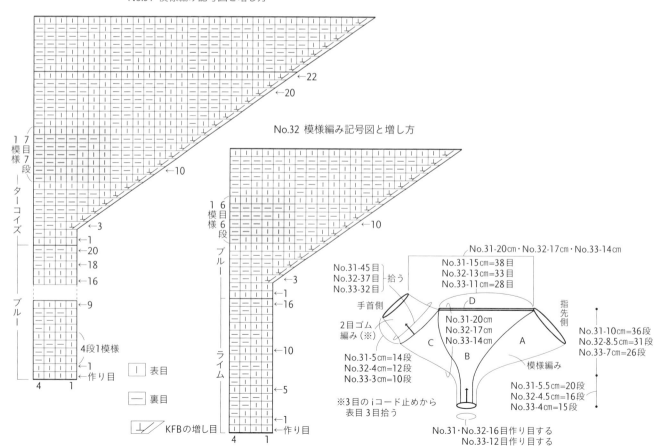

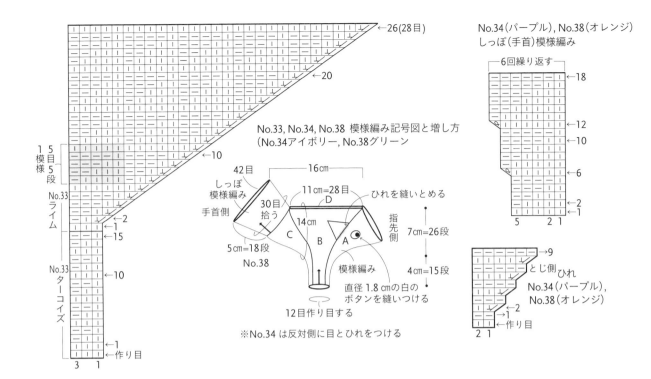

No.33, No.34, No.38 模様編み記号図と増し方
(No.34アイボリー, No.38グリーン)

No.34(パープル), No.38(オレンジ)
しっぽ(手首)模様編み

No.34(パープル), No.38(オレンジ)
ひれ

Bloom Stripes
ストライプ模様 No.30

糸 … ヤナギヤーン Bloom グレー(14) 40g パープル(7) 25g
針 … 5号5本棒針
用具 … 棒針キャップ　とじ針
ゲージ … メリヤス編み　22目、29段が10cm角
でき上がり寸法 … 手のひら周り22cm　丈23cm

● 編み方(P.6〜9、P.48〜57参照)

基本のトライアングルの編み方と同じ要領で、パープルとグレーの2段の縞模様で製図のように編みます。グレーで指先側、小指側の脇をイラスティック止めをします。続けて、手首側から36目拾い、模様編みで図のように増し目をしながら21段編み、イラスティック止めをします。同様にもう1枚編みます。

縞模様の配色　　手首の模様編み

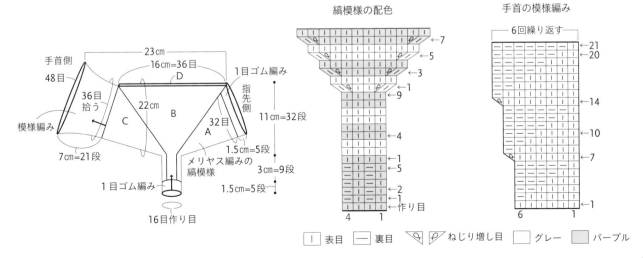

| 表目 | — 裏目 | ねじり増し目 | □ グレー | ▨ パープル |

パペット No.39, No.40, No.41

ブタは大人用、ゾウとライオンは子供用のサイズです。

糸 … パピー プリンセスアニー No.39 スモーキーピンク(527) 30g 黒(520) 少々
　　　No.40 ライトグレー(518) 20g 黒(520) 少々　No.41 黄茶(528) 20g グレーベージュ(529) 20g 黒(520) 少々
付属品 … No.39 直径3cmのボタン1個
針 … 5号5本棒針
用具 … 棒針キャップ　とじ針
ゲージ … メリヤス編み　24目、32段が10cm角
でき上がり寸法 … No.39 大人用　手のひら周り21cm　丈22.5cm
No.40 子供用　手のひら周り16cm　丈27cm　No.41 子供用　手のひら周り16cm　丈18cm

◎ 編み方(P.6～9、P.48～57参照)
基本のトライアングルの編み方と同じ要領で編みます。指定以外No.39はスモーキーピンクで、No.40はライトグレーで、No.41は黄茶で製図のように編み、指先側は表目1段(顔の1段めになる。)編み、休めておきます。アイスランディック止めで小指側の脇をとじ、手首は1目ゴム編みで編み、アイスランディック止めをします。指先側に糸をつけ、減らし目をしながら図のように指定の色で輪に編みます。編み終わりの指先の目(No.39は10目、No.41は6目)を2本の針に分け(No.39は5目ずつ、No.41は3目ずつ)、かぶせはぎで1本にし、アイスランディック止めをします。
No.40は編み終わりの目をアイスランディック止めをします。耳、しっぽをそれぞれ、図のように編みます。No.41はしっぽの先にグレーベージュでポンポンを作ってつけます。それぞれ、耳は縫いとめ、しっぽも縫いとめます。No,40のゾウのしっぽは、20cmの糸3本どりを編み目に通して半分にし、5cm三つ編みをしてひと結びして止め、糸端を切ります。目は黒でサテンステッチの要領で刺しゅうします。No.41のライオンのたてがみは、10cmに切ったグレーベージュを半分に折って編み目に通し、輪に糸端2本を通して編み目にとめつけます。バランスを見ながら耳の前1列、後ろ3列(約60本)とめつけます。No.39のブタは鼻のボタンを縫いつけます。

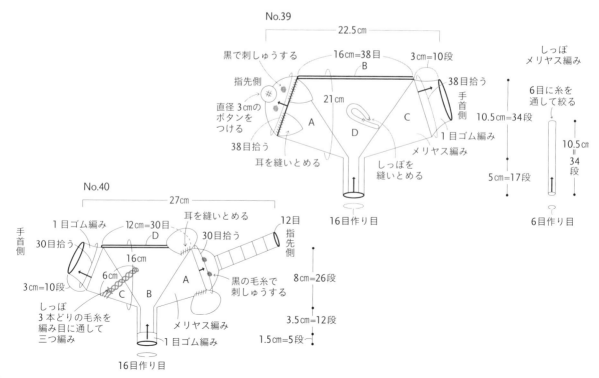

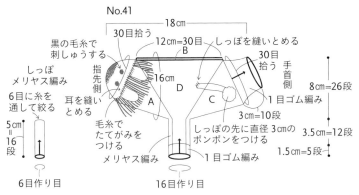

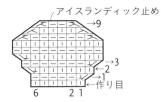

No.40 ぞうの耳 2枚

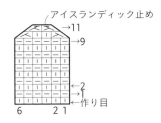

No.41 ライオンの耳 2枚

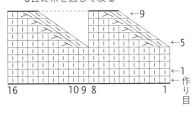

No.39 ぶたの耳 2枚

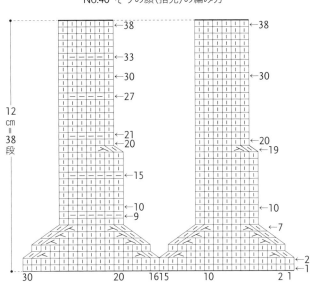

No.40 ぞうの顔（指先）の編み方

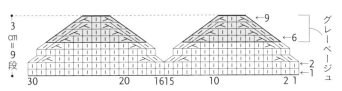

No.41 ライオンの顔（指先）の編み方

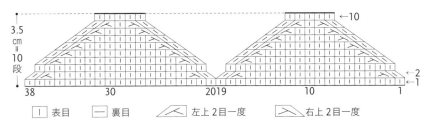

No.39 ぶたの顔（指先）の編み方

| 表目 | 裏目 | 左上2目一度 | 右上2目一度 |

Spiky

スパイキー No.26, No.27, No.28

編むときは表目を見て編みますが、使うときは裏側を表にして使うのがスパイキー模様の特徴です。

- 糸 … No.26 SCHOPPEL Edition3 カーキー系段染め (2297) 50g
  - No.27 SCHOPPEL Edition3 カーキー系段染め (2297) 40g
  - No.28 SCHOPPEL Edition3 グリーン系段染め (2298) 95g
- 針 … 3号5本棒針または、No.26 3号40cmの輪針
- 用具 … 棒針キャップ　とじ針
- ゲージ … No.26 ネックウォーマースパイキー模様　36目、39段が10cm角
  - No.27 子供用スパイキー模様　36目、30段が10cm角
  - No.28 大人用スパイキー模様　39目、35段が10cm角
- でき上がり寸法 … No.26 首周り40cm　長さ14cm　No.27 手のひら周り14cm　丈18.5cm
  - No.28 手のひら周り20cm　丈28cm

◎ **編み方** (P.6～9、P.48～57参照)

No.26は一般的な作り目で144目作り、輪にし、ネックウォーマースパイキー模様で記号図と製図のように編み、アイスランディック止めをします。

No.27(P.79)、No.28(P.80)は基本のトライアングルの編み方を参考に編みます。製図、記号図のようにスパイキー模様で編み、アイスランディック止めをします。手首はNo.27は手首用スパイキー模様で、No.28は1目ゴム編みで編み、アイスランディック止めをします。同様にもう1枚編みます。スパイキー模様は編み地の裏側(裏目側)を表にして使います。

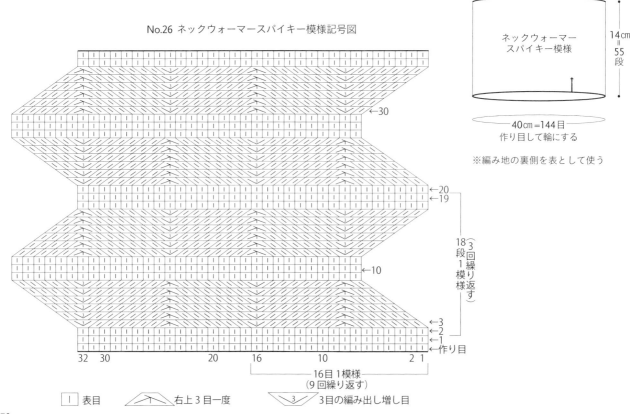

No.27 子供用スパイキー模様記号図と増し方

| | 表目 |
| 3目の編み出し増し目 |
| 右上3目一度 |
| ねじり増し目 |

※編み地の裏側を表として使う

16(56目)　10　6　5　1
21(48目)　20　19　18　12　11　10　5　3
18　12　11　6　5　2　1　13　10　1　作り目　4

C手首用スパイキー模様

A・B・C・D子供用スパイキー模様

指先側
7cm＝21段
4.5cm＝13段
子供用スパイキー模様
13cm＝48目
14cm
18.5cm
5.5cm＝16段
手首用スパイキー模様
56目
手首側
48目拾う
16目作り目

No.28 大人用スパイキー模様記号図と増し方
A・B・C・D

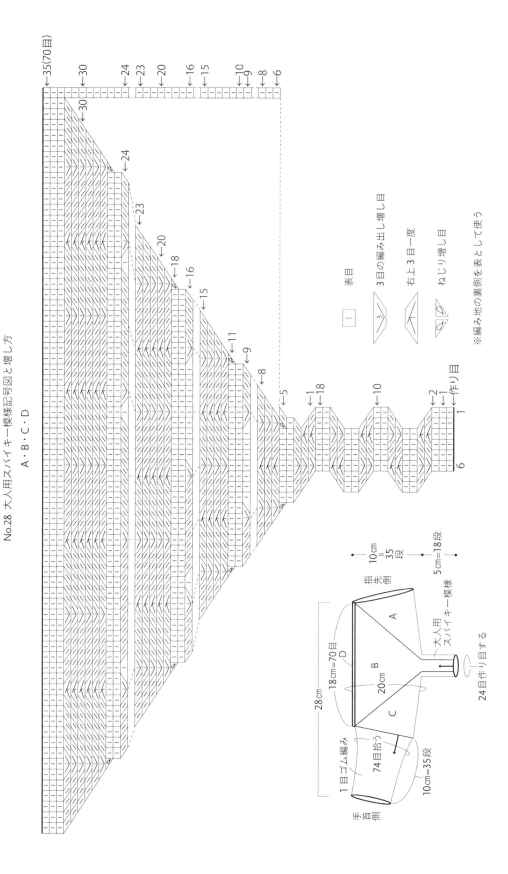

「オメネ」模様 No.47

糸 … DARUMA iroiro ラムネ(22) 40g
針 … 3号5本棒針
用具 … 棒針キャップ　とじ針
ゲージ … 模様編み　26目、38段が10cm角
でき上がり寸法 … 手のひら周り19cm　丈22.5cm

● **編み方**（P.6〜9、P.48〜57参照）
基本のトライアングルの編み方と同じ要領で、製図と記号図のように編みます。模様の編み始めがA、CとB、Dで違うので注意しましょう。この模様は模様編みの両端のかけ目がミトンの増し目になっています。指先側、小指側の脇をアイスランディック止めをします。続けて、手首側にメリヤス編みを編み、アイスランディック止めをします。同様にもう1枚編みます。

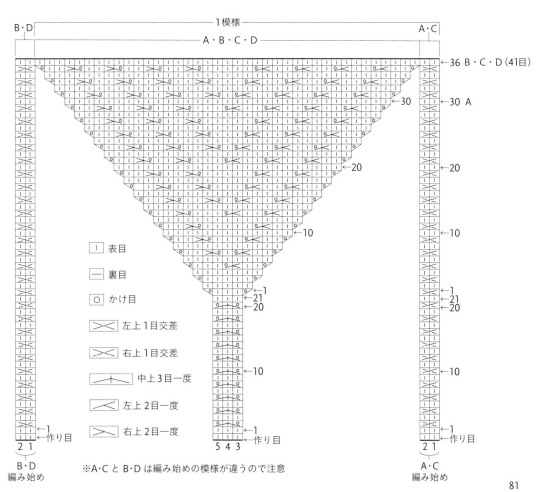

Wedding Gloves

ウエディンググローブ No.48

糸 … パピー コットンファイン 白(301) 40g
針 … 2号5本棒針　2/0号かぎ針
用具 … 棒針キャップ　とじ針
ゲージ … 模様編み　28目、42段が10cm角
でき上がり寸法 … 手のひら周り16cm　丈22cm

● 編み方(P.6〜9、P.48〜57参照)
基本のトライアングルの編み方と同じ要領で、製図と記号図のように編みます。模様の編み始めがA、CとB、Dで違うので注意しましょう。この模様は模様編みの両端のかけ目がグローブの増し目にもなっています。指先側、小指側の脇を3目のiコード止めをします。続けて、手首側に手首模様編みを編み、かぎ針で3目ずつ引き抜き編みで目を止めながら、くさり編み9目の縁編みを編みます。同様にもう1枚編みます。

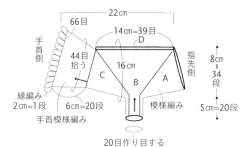

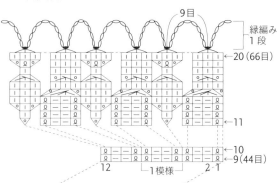

C　手首模様編み

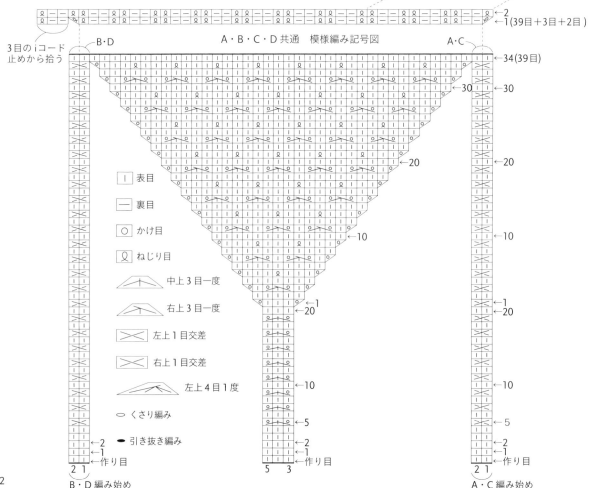

Wash Mitten

掃除用ミトン No.49, 50

糸 … No.49 DARUMA Jカラーズ 赤(15) 40g　No.50 DARUMA Jカラーズ 紺(11) 35g
針 … 8号5本棒針
用具 … 棒針キャップ　とじ針
ゲージ … ガーター編み(2段1模様)　14目、24段が10cm角
でき上がり寸法 … No.49 手のひら周り18cm　丈22cm　No.50 手のひら周り15cm　丈19.5cm

● 編み方(P.6〜9、P.48〜57参照)
基本のトライアングルの編み方と同じ要領で編みます。製図、記号図のようにガーター編みで編みます。指先側は表目1段(指先のカバーの1段目になる。No.49は25目、No.50は21目)編み、休めておきます。イラスティック止めで小指側の脇をとじ、手首はガーター編みで編み、イラスティック止めをします。指先側に糸をつけ、指先のカバーの2段目で増し目をして目数を整え(No.49は26目、No.50は22目)、図のように減らし目をしながらガーター編みで輪に編みます。編み終わりの指先の10目を5目ずつ2本の針に分け、かぶせはぎで1本にし、5目をイラスティック止めします。

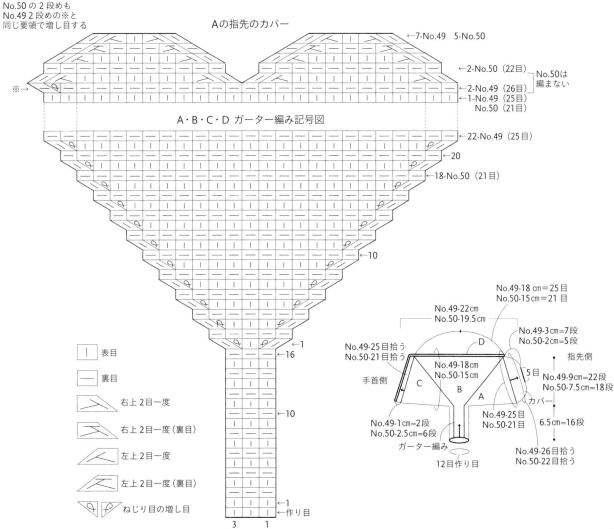

棒針編みの編み目記号の編み方

編み目を知って、もっと編み物を楽しみましょう。

表目　|

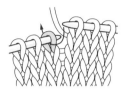

1 糸を向こう側におき、右針を矢印のように入れます

2 右針に糸をかけて、手前側に引き出します

3 表目のでき上がり
1段下(針にかかっている目の下)に編み目ができます

裏目　―

1 糸を手前側におき、右針を矢印のように向こう側から入れます

2 右針に糸をかけて、向こう側に引き出します

3 裏目のでき上がり
1段下(針にかかっている目の下)に編み目ができます

ねじり目　Q

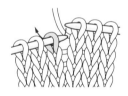

1 右針を矢印のように入れます

2 表目と同様に編みます

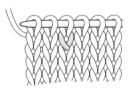

3 1段下の目がねじれます

かけ目　○

1 右針を糸の向こう側からすくうようにしてかけます

2 右針にかけた糸がはずれないようにして、次の目を編みます

3 針にかかった目が、かけ目です

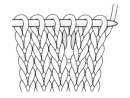

4 次の段を編むと、かけ目のところに穴があきます

左上2目一度 ⟨人⟩

1 右針を2目の手前側から一度に入れます

2 2目一度に表目を編みます

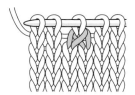
3 1段下の左の目が右の目の上に重なります

右上2目一度 ⟨⼈⟩

1 右針を手前側から入れて、編まずに移します

2 次の目を表目で編みます

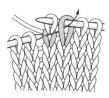
3 左針を矢印のように入れます

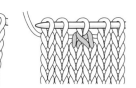
4 編んだ目にかぶせます

5 1段下の左の目の上に右の目が重なります

左上2目一度（裏目） ⟨⼈⟩

1 右針を2目の向こう側から一度に入れます

2 2目一度に裏目を編みます

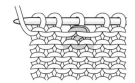
3 1段下の左の目が右の目の上に重なります

右上2目一度（裏目） ⟨⼈⟩

1 右針を矢印のように入れて、編まずに2目を移します

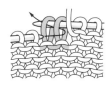
2 左針を矢印のように一度に入れて2目を移します。目の順序が入れかわります

3 右針を矢印のように入れます

4 裏目を編みます

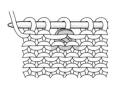
5 1段下の左の目の上に右の目が重なります

左上1目交差

  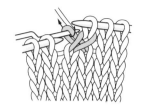 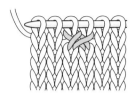

1 別針に1目とり、向こう側におきます　　2 次の目を表目で編みます　　3 別針の目を表目で編みます　　4 1段下の左側の目が上に交差します

右上1目交差

 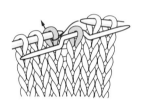 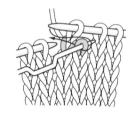 

1 別針を目の向こう側から入れて1目とり、手前側におきます　　2 次の目を表目で編みます　　3 別針にとった目を表目で編みます　　4 1段下の右側の目が上に交差します

左上2目交差

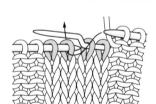 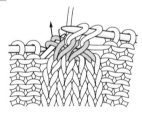 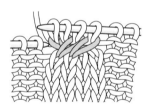

1 1目めと2目めを別針にとり、向こう側におきます。3目めと4目めを表目で編みます　　2 別針の1目めと2目めを表目で編みます　　3 1段下の左側の2目が上に交差します

ドライブ編み（3回巻き）

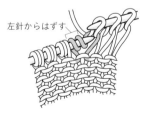

1 表目を編むように針を入れ、針に糸を3回巻きつけて引き出します　　2 次の段は、巻きつけた糸をはずして、伸ばしながら編みます

中上3目一度

 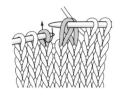 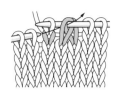  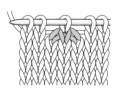

1 矢印のように針を入れ、2目を一度に右針に移します

2 次の目を表目で編みます

3 移した2目に左針を入れます

4 編んだ目に2目をかぶせます

5 1段下の中央の目が上に重なります

右上3目一度

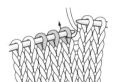 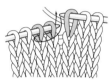 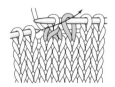 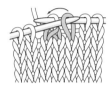 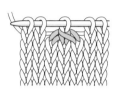

1 1目めを編まずに右針に移します

2 次の2目を左上2目一度に編みます

3 1目めに左針を入れます

4 編んだ目にかぶせます

5 1段下の右端の目が上に重なります

ねじり編み右上3目一度

  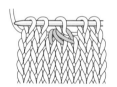

1 右針を矢印のように入れ、3目一度にすくいます

2 表目を一度に編みます

3 1段下の右端の目が一番上に重なり、3目ともねじり目になる

編み出し増し目（5目）

 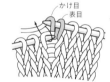 

1 表目を編みます

2 左針に目をかけたまま、かけ目、続けて同じ目に表目、かけ目、表目を編みます

3 1目から5目編み出します

左上5目一度

1 右針を矢印のように入れ、5目一度にすくいます

2 表目を一度に編みます

3 1段下の左端の目が一番上に重なります

素材の入手先

★オリムパス製絲株式会社
TEL 052-931-6679
www.olympus-thread.com/

★株式会社 元廣（スキー毛糸）
TEL:03-3663-2151
www.skiyarn.com

★株式会社ダイドーインターナショナル パピー事業部
TEL 03-3257-7135
www.puppyarn.com

★株式会社 野呂栄作（NORO）
TEL 0586-51-3113
www.eisakunoro.com

★横田株式会社・DARUMA
TEL 06-6251-2183
www.daruma-ito.co.jp/

★柳屋（ヤナギヤーン）
TEL 058-201-4444
www.rakuten.ne.jp/gold/yanagiya
ケストラーさんのオリジナル糸「Bloom」のシリーズ、
ショッペルの毛糸も取り扱っています。

◉ベルンド・ケストラーのオフィシャルサイト
http://berndkestler.com

「いいねっ！ミトン」は、
ベルンド・ケストラーの登録商標です。

写真　ライアン・スミス

編集協力　相馬素子

ブックデザイン　縄田智子（L'espace）

イラスト、図版　飯島満

スタイリング　池水陽子

ヘア＆メイク　梅沢優子

モデル　橘モニカ　Andy
　　　　ベルンド・ケストラー
　　　　井上拓海

校正　梶田ひろみ

編集　飯田想美

親指から一気に編める
ベルンド・ケストラーのミトン

発行日　2017年11月1日　　初版第1刷発行
　　　　2024年1月15日　　　第5刷発行
著　者　ベルンド・ケストラー
発行者　千葉由希子
発　行　株式会社世界文化社
　　　　〒102-8187
　　　　東京都千代田区九段北4-2-29
　　　　電話　03-3262-5118（編集部）
　　　　　　　03-3262-5115（販売部）
印刷・製本　TOPPAN株式会社
DTP製作　株式会社明昌堂

© Bernd Kestler, 2017. Printed in Japan
ISBN978-4-418-17425-6

落丁・乱丁のある場合はお取り替えいたします。
定価はカバーに表示してあります。
無断転載・複写（コピー、スキャン、デジタル化等）を禁じます。
本書を代行業者等の第三者に依頼して複製する行為は、
たとえ個人や家庭内での利用であっても認められていません。